Duília de Mello

Vivendo com as estrelas

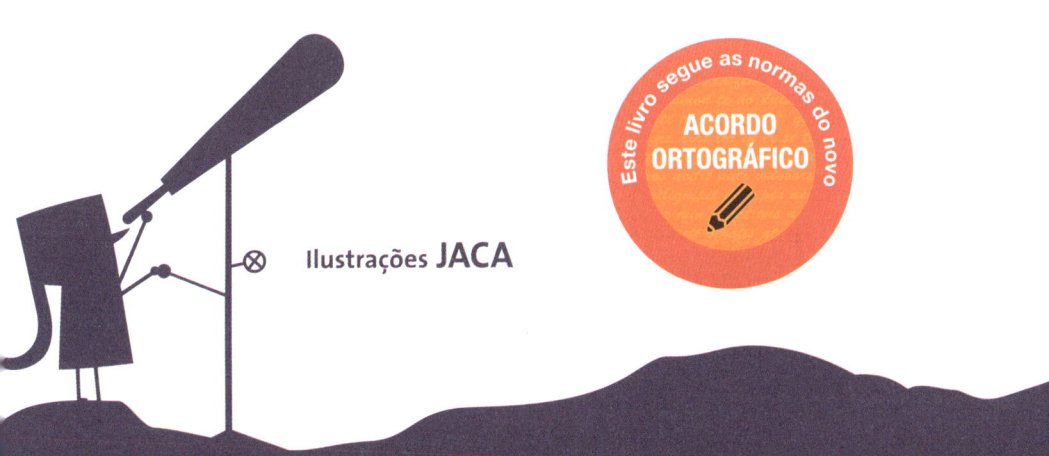

ilustrações **JACA**

Este livro segue as normas do novo
ACORDO ORTOGRÁFICO

*A história da astrônoma brasileira
que foi trabalhar na Nasa
e descobriu uma supernova*

Copyright © 2009 Duília de Mello

Diretor editorial Marcelo Duarte
Coordenadora editorial Tatiana Fulas
Assistente editorial Karina Danza
Projeto gráfico e diagramação A+ Comunicação
Imagens Arquivo pessoal da autora
Corbis
Getty Images
iStock
Nasa
Revisão Alessandra Miranda de Sá
Ana Maria Barbosa
Alê Costa

CIP – BRASIL. CATALOGAÇÃO NA FONTE
SINDICATO NACIONAL DOS EDITORES DE LIVROS, RJ

M477m

Mello, Duília de
  Vivendo com as estrelas – A história da astrônoma brasileira que foi trabalhar na Nasa e descobriu uma supernova / Duília de Mello. – São Paulo: Panda Books, 2009.

  1. Mello, Duília de. 2. Astronomia. 3. Astrônomos – Brasil. I. Título.

09-2743.
                                                CDD: 520
                                                CDU: 52

Todos os direitos reservados à
Panda Books
Um selo da Editora Original Ltda.
Rua Henrique Schaumann, 286, cj. 41 – 05413-010 – São Paulo – SP
Tel./Fax: (11) 2628-1323
edoriginal@pandabooks.com.br
www.pandabooks.com.br

Dedico este livro a todos os jovens que sonham em alcançar as estrelas e a meu avô Tide, que tinha saudades do futuro e já está entre as estrelas.

Agradecimentos

 Ao meu marido, Tommy, por ter me levado a um lugar chamado Fond du Lac, em Wisconsin, onde comecei a escrever este livro, e a todos os incentivos que ele sempre me deu para que eu levasse este projeto adiante. Tommy, meu piloto favorito, só você mesmo para me mostrar a Terra de cima!

Ao Dante Grecco, por um dia ter sugerido que eu deveria escrever um livro que contasse a minha história e pela paciência em corrigir meu português quando eu começava a esquecê-lo.

A todos os meus amigos de infância que me viram sonhar com as estrelas sem tentar me acordar.

A todos da revista *Superinteressante* e aos fãs do blog Mulher das Estrelas, principalmente aos três jovens mosqueteiros, Guilherme, Ivan e Thiago, que fundaram o Clube Mulher das Estrelas e sempre me defenderam dos internautas chatos.

À minha mãe, por ter me levado ao Observatório do Valongo quando eu estava para me decidir pela carreira e por ter apoiado a minha decisão apesar das incertezas. Agradeço também à minha irmã Adriana, pela ajuda infinita em todos os departamentos e pela paciência com a irmã caçula.

Sumário

Apresentação — 8

Como eu fui parar na Nasa — 11
Conhecendo as pessoas certas — 11
Escala Hubble-Suécia-Hubble — 13

Para que serve a astronomia? — 17
Cientista é normal? — 18
Astronomia não é astrologia — 19
Como é observar? — 24
O Brasil tem observatórios? — 26
Que dados são estes? — 30

Como se tornar um astrônomo — 33
Preciso gostar de matemática? — 34
Mercado de trabalho — 37
Como é o trabalho de um astrônomo? — 37
Talento necessário: criatividade — 40

Exploração espacial — 43
Astrônomo não é astronauta, mas astronauta pode ser astrônomo — 45

Descobrindo estrelas — 49
Você já descobriu alguma estrela? SIM! — 50
Mas e daqui para a frente? — 56

Viagem ao Universo — 57
Galáxias — 58
Sistema Solar — 60
Ciclo de vida das estrelas — 62

Apresentação

Desde pequena eu era conhecida na escola por viver falando sobre o Universo, os planetas, as estrelas, e minha amiga de infância até me confessou outro dia que eu a deixava de pescoço duro de tanto ficar olhando para o céu. Já sabia no que queria trabalhar quando crescesse. Foram vários anos de dedicação, estudando muita física e matemática, até poder dizer que me tornei uma astrônoma profissional.

Hoje trabalho na Nasa (Agência Espacial Americana) como pesquisadora especialista em evolução de galáxias e leciono astronomia e física na Catholic University of America (CUA), em Washington.

▸ Duília com a Nasa na cabeça... Cabo Canaveral, maio de 2009.

Quando perguntam minha profissão e respondo que sou astrônoma, logo pensam que vivo no mundo da lua, que passo as noites acordada, que sou tímida e que nunca saio à luz do sol, ou seja, que sou uma verdadeira nerd. Não nego que sempre tive fama de cê-dê-efe, mas adoro as manhãs e falo pelos cotovelos.

Certa vez, um estudante universitário brasileiro que conheci nos Estados Unidos me perguntou por que eu havia escolhido ser astrônoma, já que era bonitinha e parecia uma pessoa normal! Estou usando esse comentário para ilustrar o que muitos pensam dos cientistas e, pior ainda, da mulher cientista.

Fiz astronomia porque sempre fui muito curiosa e porque decidi que queria saber mais sobre o Universo – o que havia aprendido na escola não era o suficiente. Mas quero deixar bem claro que não foi uma decisão fácil. Na época da escolha da carreira para prestar o vestibular eu tinha apenas 16 anos, e muitos achavam que eu deveria tentar outra área. O professor de português do cursinho me disse que eu era inteligente e que deveria fazer engenharia ou medicina, porque "fazer astronomia seria um desperdício". Fui salva pelo meu professor de história, que ouviu a conversa e disse em alto e bom som para eu fazer aquilo que gostasse – "melhor ela ser uma astrônoma feliz do que uma engenheira frustrada". Obrigada, Geraldo! (Devo mencionar que o professor de português era chatíssimo, e o comentário do sempre interessante professor de história teve muito mais peso.)

No meu blog Mulher das Estrelas, os jovens me perguntam o que é preciso para se tornar um astrônomo, qual a importância da astronomia, se tem campo de trabalho, se precisa gostar de matemática e física, como se tornar um astrônomo amador. Por isso, vou contar aqui um pouco do que aprendi nestes 25 anos de dedicação ao Universo.

Duília de Mello

Como eu fui parar na Nasa

Muita gente me pergunta como é trabalhar na Nasa e como eu fui parar ali. Entendo o fascínio que as pessoas têm pela maior agência espacial do mundo; afinal, eu sonhava com a chance de entrar lá. Conseguir um emprego na Nasa não é muito fácil. Mas, com um pouco de sorte, conhecendo as pessoas certas, estudando muito e batalhando para realizar os sonhos, não existe nada impossível. Pelo menos no meu caso foi assim.

Conhecendo as pessoas certas

Já era doutora em astronomia quando conheci dois astrônomos americanos que me ajudaram a tomar uma decisão importante na minha carreira: deixar o Brasil para trabalhar com o telescópio espacial Hubble. Eu trabalhava no Observatório Nacional no Rio de Janeiro quando conheci o dr. Bob Williams, na época diretor do Instituto do Hubble. Ele estava no Brasil dando uma palestra sobre as descobertas do satélite.

➤ Logo da Nasa.

Logo após a palestra, bati um longo papo com ele e fiquei ainda mais fascinada com o Hubble. Para minha surpresa, ele me perguntou se eu não gostaria de fazer pós-doutorado nos Estados Unidos. Respondi que já havia pensado no assunto, mas que achava a carreira na América muito estressante. Ele concordou e disse que a competição entre os americanos é bem dura, porém me garantiu que havia institutos como o do Hubble em que o ambiente de trabalho era agradável, a competição vista apenas como estímulo à ciência, e que Baltimore era uma cidade rica culturalmente.

Quando ele falou isso de Baltimore e do Instituto, lembrei-me de um outro astrônomo de lá, o dr. Claus Leitherer, que me falara a mesma coisa. Eu o conheci na Grécia durante um congresso que ele havia organizado no ano anterior. Como a agência que pagava o meu salário no Observatório Nacional estava em mais uma crise financeira e ameaçava cortar meus rendimentos pela metade, decidi levar em consideração as palavras do Bob e mandei um e-mail para o Claus perguntando se ele sabia de alguma vaga no Instituto para a qual eu pudesse me inscrever.

Ele me respondeu imediatamente pedindo o número do meu telefone. Dois minutos depois me ligou com uma proposta de emprego. Primeiro Claus deixou bem claro que o trabalho era puxado, mas que, se estivesse disposta a enfrentar o desafio, ele me contrataria. Voltei para casa correndo, liguei para o meu namorado, que na época morava na Suécia, e resolvemos que seria uma loucura não aceitar essa oportunidade. Dois meses depois embarquei para Baltimore.

Nunca vou me esquecer do primeiro dia em que entrei pelas portas do Instituto do Hubble e cruzei com o Bob no corredor. Ele abriu um sorriso e me deu um grande abraço de boas-vindas. Trabalhei no Instituto por dois anos e meio e tinha que me beliscar todos os dias para ter certeza de que não estava sonhando. Hoje sei que não estava sonhando, mas sim vivendo um sonho.

Escala Hubble-Suécia-Hubble

Nem tudo na vida é fácil. Logo nos meus primeiros meses em Baltimore, me casei com o meu namorado sueco, Tommy – ele também é astrônomo e nos conhecemos em um observatório nas montanhas chilenas alguns anos antes. Mas Tommy trabalhava na Suécia, e tínhamos o oceano Atlântico separando as nossas vidas.

Depois de agonizar bastante, resolvemos que era melhor viver no mesmo país. Saí do Hubble e consegui um emprego de pesquisadora no mesmo lugar em que Tommy trabalhava, o Observatório Espacial de Onsala. A vida na Suécia era bem diferente de tudo aquilo que eu já tinha vivido. Fazia um frio daqueles, era escuro demais no inverno e muito claro no verão. Então, depois de batalhar quase três anos para me adaptar, decidimos que seríamos mais felizes em Baltimore.

> O primeiro dia do inverno e do verão são os chamados **solstícios** (21/12 e 21/6), e do outono e da primavera, **equinócios** (20/3 e 22/9). A palavra equinócio deriva do latim *aequinoctium*, e quer dizer que o dia e a noite têm a mesma duração.

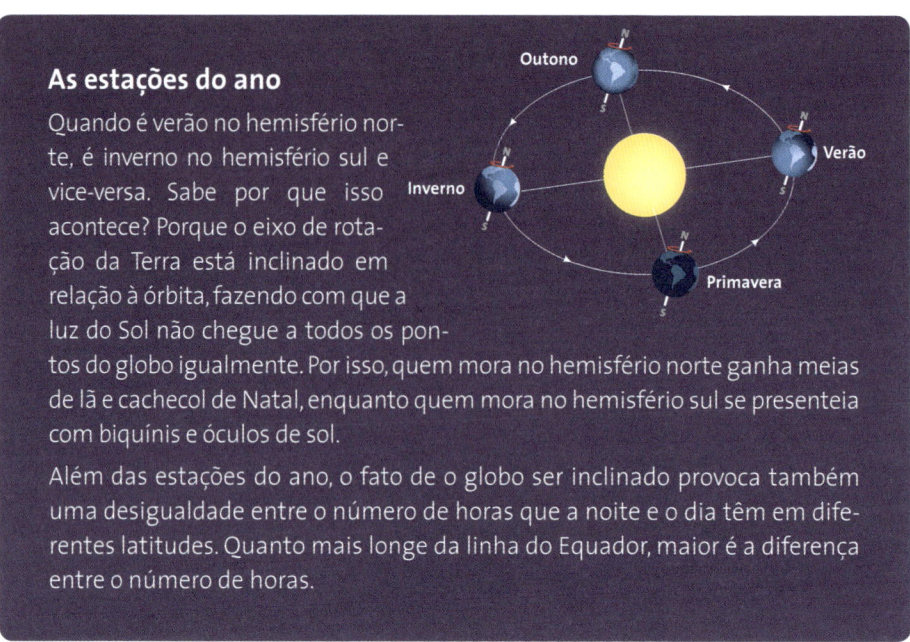

As estações do ano

Quando é verão no hemisfério norte, é inverno no hemisfério sul e vice-versa. Sabe por que isso acontece? Porque o eixo de rotação da Terra está inclinado em relação à órbita, fazendo com que a luz do Sol não chegue a todos os pontos do globo igualmente. Por isso, quem mora no hemisfério norte ganha meias de lã e cachecol de Natal, enquanto quem mora no hemisfério sul se presenteia com biquínis e óculos de sol.

Além das estações do ano, o fato de o globo ser inclinado provoca também uma desigualdade entre o número de horas que a noite e o dia têm em diferentes latitudes. Quanto mais longe da linha do Equador, maior é a diferença entre o número de horas.

Como não temos medo de desafios, começamos a procurar emprego e a mandar nossos currículos. Logo Tommy foi chamado para trabalhar na Agência Espacial Europeia, que é como a Nasa, mas financiada pelos países europeus. Ele seria um dos representantes suecos no Instituto do Hubble em Baltimore. Ficamos empolgados, e comecei a mandar mensagens para os astrônomos que eu conhecia naquela região.

Um deles, o dr. Jonathan Gardner, me respondeu dizendo que poderia me contratar por três anos para trabalhar em um projeto do Hubble, mas que seria na Nasa, e não no Instituto do Hubble. Pronto! Fizemos as malas e voltamos para Baltimore. Fui para o

➔ *Duília fazendo apresentação a uma estudante do Havaí na reunião da Sociedade Astronômica Americana.*

Centro Espacial Goddard, da Nasa, pertinho de Washington D.C., e Tommy ficou no Instituto do Hubble, em Baltimore.

Já estamos lá há sete anos. Continuo a trabalhar com o dr. Jon Gardner, mas agora sou independente e tenho os meus próprios projetos. Sou também professora de uma universidade, a Catholic University of America (CUA). A CUA é a PUC (Pontifícia Universidade Católica) americana, universidade particular de alta qualidade de ensino. A vantagem é que ela tem convênio com a Nasa, e os professores e estudantes podem fazer pesquisa na própria Nasa. Além de lecionar, sou supervisora de estudantes de doutorado. Hoje estão comigo a Elysse e a Sara.

➜ *Duília em frente ao painel do Campo Profundo do Hubble, apontando para um objeto nos confins do Universo.*

Para que serve a astronomia?

Esta é uma pergunta muito comum na hora de se optar por uma carreira. Uma outra pergunta seria: por que devemos investir em astronomia? Realmente, o retorno para a sociedade dos investimentos em carreiras como astronomia e física, conhecidas como **ciência pura**, não é o mesmo do que em carreiras como engenharia e medicina, conhecidas como **ciência aplicada**.

Ciência pura: astronomia, física, matemática, ciências sociais.

Ciência aplicada: astronáutica, engenharia, informática, medicina, telecomunicações.

Quando a sociedade investe em ciência pura, busca pela compreensão de determinados fenômenos, como "por que as estrelas possuem cores diferentes?". Já a ciência aplicada, ou prática, busca formas de resolver problemas mais específicos e que afetam o nosso dia a dia, como "qual o combustível que polui menos e é mais eficiente?". O avanço tecnológico conquistado até hoje só foi possível porque o ser humano continua tentando entender as leis e os fenômenos da natureza.

Ainda estaríamos vivendo nas cavernas se não fosse a nossa curiosidade em perguntar e a nossa capacidade em responder. As ciências aplicadas só existem porque a ciência pura pavimentou o caminho e contribuiu com as ferramentas básicas a serem usadas na prática.

A cada descoberta que fazemos na ciência pura é como se estivéssemos adicionando mais um tijolo na construção do conhecimento humano.

Cientista é normal?

A primeira pergunta que me fazem quando eu digo que sou astrônoma é "O quê? Então você é cientista?". Quando respondo que sim, ou a pessoa vai embora correndo sem demonstrar curiosidade, porque está com medo de revelar algum tipo de ignorância, ou fica interessadíssima, arregala os olhos e arrisca alguma pergunta, mas geralmente relacionada à astrologia.

[A diferença entre astronomia e astrologia está na página seguinte.]

Fica difícil transformar em palavras o que é ser cientista. Certa vez li em uma reportagem cheia de estatísticas que em qualquer lugar do mundo que se peça a alguém que descreva um cientista famoso, a figura de **Einstein** aparece. O que não é de estranhar, já que Einstein foi um dos maiores cientistas de todos os tempos. Mas bem que ele podia ter tido uma carinha mais normal, não?

Albert Einstein (1879-1955) tornou-se famoso mundialmente ao desenvolver a teoria da relatividade. Ganhou o prêmio Nobel de Física em 1921.

Imagine se o Einstein tivesse cara de galã, como o Brad Pitt, cortasse os cabelos regularmente e se vestisse com elegância... Será que o Brad Pitt seria reconhecido pelo mundo afora como sinônimo de cientista? E se o Einstein fosse a Angelina Jolie? Será que ela teria chegado lá?

Temos poucas mulheres cientistas, e na época do Einstein eram ainda em menor número. Havia exceções, como **Marie Curie** e sua filha, **Irene Curie**. Ah, e teve o marido dela também, o Pierre Curie. Muitos machistas até falam que quem fez o

Marie Sklodowska Curie (1867-1934) nasceu na Polônia em 1867 e se mudou para a França em 1891. Ganhou o prêmio Nobel de Física pelo seu trabalho em radioatividade junto com seu marido, Pierre Curie, e o prêmio Nobel de Química quando conseguiu isolar o elemento rádio em sua forma pura.

Irene Joliot-Curie (1897-1956) nasceu na França e ganhou o prêmio Nobel de Química em 1935 pelo seu trabalho em radioatividade artificial junto com seu marido, Frederic Joliot.

trabalho da Marie foi o Pierre, e que ela só ganhou o prêmio Nobel de Física em 1903 porque era casada com ele. E o tal prêmio, que é campeão em injustiça, sempre foi famoso pela discriminação contra as mulheres. Marie Curie, também conhecida por Madame Curie, foi a primeira mulher a ganhar o prêmio Nobel. Sua carreira é uma das mais fascinantes da história da ciência, e sugerir que ela não merecia os prêmios é o maior absurdo do mundo. Além do mais, quando Marie ganhou o segundo prêmio Nobel de Química, em 1911, seu marido nem era mais vivo, tinha morrido atropelado por um carro em 1906.

➤ *Marie Curie em seu laboratório.*

Bem, mas a imagem do Einstein vai mesmo perseguir os cientistas por um bom tempo, e vamos sempre ter essa caricatura maluquete associada a nós.

Astronomia não é astrologia

A astrologia e a astronomia foram por muitos séculos a mesma coisa. O astrólogo podia prever vários fenômenos celestes, como **eclipses** e as órbitas dos planetas, utilizando conhecimentos adquiridos por meio da observação do céu. Por volta do século XVIII, duas carreiras distintas surgiram: a astronomia ficou responsável pelo estudo das leis do Universo, e a astrologia por utilizar as posições dos astros para fazer previsões.

Eclipse é o escurecimento parcial ou total de um corpo celeste. No eclipse solar, a Lua ocupa uma posição entre a Terra e o Sol, projetando sua sombra sobre o nosso planeta. Já no eclipse lunar, é a Lua que passa pela sombra da Terra. Deste modo, a sombra do nosso planeta avança pela face iluminada da Lua.

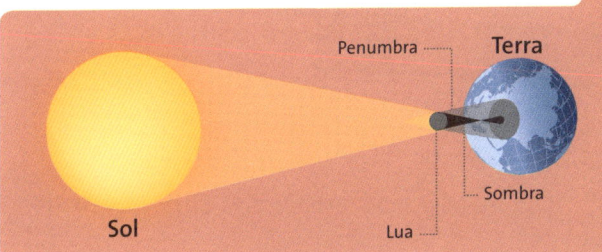

O polonês **Nicolau Copérnico** (1473-1543) foi um dos maiores astrônomos de todos os tempos. Ele foi o primeiro a concluir que a Terra não era o centro do Universo, mas que girava ao redor do Sol.

Mais de um século depois ainda se duvidava disso, e foi **Galileu Galilei** (1564-1642) quem comprovou o que Copérnico havia afirmado. O astrônomo italiano foi o primeiro a usar o telescópio para observar os astros. Ele descobriu que outro planeta do Sistema Solar, Júpiter, também tinha satélites orbitando ao seu redor, como o sistema Terra-Lua. Com o seu pequeno telescópio e sua grande persistência, em 1610 ele observou os quatro satélites de Júpiter (Io, Europa, Ganymedes e Callisto), hoje conhecidos como satélites galileanos.

➜ Retrato de Copérnico.

Muitos pensam que foi **Galileu** quem inventou o telescópio, mas na verdade foi o alemão naturalizado holandês Hans Lipperhey, em 1608, o primeiro inventor. Galileu, sendo um bom cientista, aprimorou a técnica e o apontou para o céu. O primeiro telescópio construído por Galileu aumentava o objeto cerca de dez vezes. Ele construiu aproximadamente cem telescópios, e alguns chegavam a aumentar até trinta vezes o astro observado.

➜ Telescópio construído por Galileu.

Será que se Galileu fosse astrólogo, em vez de cientista, ele teria previsto que as suas descobertas quase o levariam à morte? A Igreja Católica, muito poderosa na época, considerou as descobertas de Galileu hereges e quase o queimou em praça pública, como fizeram com o seu compatriota **Giordano Bruno** (1548-1600) por discordar da visão da Igreja. No entanto, Galileu, que naquela altura já gozava de boa reputação e possuía amigos influentes, escapou da fogueira, mas foi confinado a prisão domiciliar pela Inquisição em 1633 até sua morte, em 1642.

> **Giordano Bruno** foi teólogo, filósofo, escritor e frade dominicano. Um dos pontos-chaves de sua teoria é a cosmologia, segundo a qual o Universo seria infinito, povoado por milhares de sistemas solares e interligado com outros planetas que contêm vida inteligente. Mas não foi apenas o fato de Bruno acreditar no sistema de Copérnico que o levou à fogueira, mas por discordar da visão da Igreja quanto ao papel de Deus e Jesus.

O pior para Galileu foi mesmo ter que voltar atrás e admitir em público que suas descobertas estavam erradas e que a Terra era o centro do Universo. O pior castigo para um cientista é não ter o direito de poder comprovar suas ideias e descobertas. Os anos de solidão de Galileu devem ter sido muito sofridos. Ele terminou cego devido às observações do Sol com o recém-inventado telescópio. Naquela época não se sabia dos **danos na retina** causados pela luz solar quando amplificada, e muitos tiveram a visão prejudicada.

> Hoje, para não haver **danos na retina**, usamos lentes especiais e fazemos projeções da imagem com uma câmera pinhole (uma simples caixa, ou papel, com um orifício pequeno) para observarmos o Sol. Utilizamos também filtros solares nas câmeras, e lentes e óculos com filtro.

Mas qual será o signo de Galileu? Será que estaria previsto em seu mapa astral que sua vida terminaria assim? Nascido em Pisa, em 15 de fevereiro de 1564, Galileu era do signo de Aquário, uma das 12 constelações zodiacais. As constelações do zodíaco ficam na região definida como a projeção do plano da órbita da Terra no céu, chamada eclíptica.

➦ *Mapa zodiacal do hemisfério sul.*

Imagine o Sol transladando ao redor da Terra. À medida que ele se movimenta durante o ano, o fundo do céu também vai se modificando. Ao se dizer que Galileu era do signo de Aquário, deixa-se implícito que, no dia do seu nascimento, o Sol estava passando pela constelação de Aquário.

Mas o que é uma constelação? Qualquer um que tenha olhado para o céu à noite deve ter tentado achar a constelação do seu signo e provavelmente sem sucesso. A maioria das constelações não se parece em nada com as figuras que os antigos povos imaginaram. A única que consigo identificar facilmente é a de Escorpião.

Os movimentos da Terra

Translação é o movimento da Terra ao redor do Sol. Ela se locomove a uma velocidade de cerca de 108 mil km/hora. O tempo para concluir o movimento de translação é de 365 dias e 6 horas, que equivale a um ano. As horas restantes (6) são acumuladas ao longo de quatro anos para totalizar um dia (6 horas X 4 anos = 24 horas ou 1 dia), e o ano no qual ocorre esse fato é conhecido como ano bissexto.

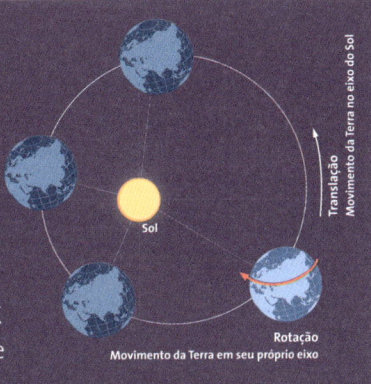

O movimento de rotação é aquele que a Terra faz ao girar em torno do seu próprio eixo. Esse movimento é realizado de oeste para leste e tem duração aproximada de 24 horas. É graças a ele que existe o dia e a noite, uma vez que expõe gradativamente partes do planeta ao Sol.

A rotação da Terra provoca a impressão de que o Sol se movimenta de leste (nascente) para oeste (poente). Essa ilusão é conhecida como Movimento Aparente do Sol (MAS). É aparente porque não é o Sol que se movimenta, mas a Terra.

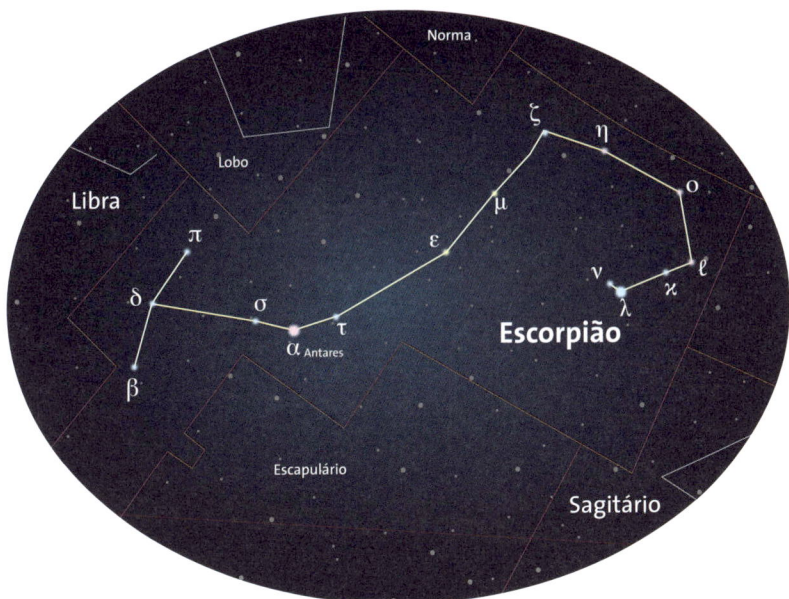

➦ Constelação de Escorpião. As letras gregas representam as estrelas que formam a constelação.

Veja: apesar da forma interessante, a aparência do escorpião é apenas um efeito de projeção. As estrelas de Escorpião não estão relacionadas umas com as outras. O espaço tem **três dimensões**, e quando olhamos para o céu vemos apenas duas delas. A terceira dimensão, correspondente à distância entre as estrelas, só pode ser medida com o auxílio de técnicas sofisticadas. Olhando para uma constelação é impossível saber qual das estrelas é a mais próxima. As estrelas não formam um objeto astronômico, mas apenas uma ilusão de ótica, fruto da nossa imaginação. Do ponto de vista da astronomia, é aí que a astrologia perde sua validade.

> Nossos olhos veem em **três dimensões**. Mas, quando olhamos para o céu, a terceira dimensão, que dá a medida de profundidade, não é captada. Isso se dá porque a profundidade é sempre em relação a algum outro objeto ou ao horizonte. Como não sabemos a distância dos objetos celestes e não existe horizonte no céu, perdemos a capacidade de medir a profundidade do que vemos.

Outro detalhe que a astrologia não leva em consideração é o fato de as constelações mudarem com o passar do tempo, e que a forma depende também da posição do observador. Alguém, por exemplo, nascido em Marte desenharia constelações completamente diferentes. Mas estariam o futuro de um marciano extraterrestre e de um terráqueo nascidos no mesmo dia e hora interconectados? Deixo a pergunta em aberto, pois afinal não sou astróloga.

Como é observar?

A vida de observador é bem excêntrica: inclui dormir poucas horas, trocar a noite pelo dia, tomar café da manhã na hora do almoço e organizar tudo antes que o sol se ponha. Durante o inverno, em certas latitudes a noite pode ser bem longa, chegando a mais de 13 horas consecutivas. Por isso precisa estar tudo bem planejado.

Agora que temos computadores por toda parte, o astrônomo passa pouco tempo na cúpula em que fica o telescópio e olhando pela ocular (aquela parte que parece com o visor de um binóculo). O astrônomo, muitas vezes acompanhado de um assistente noturno, fica em uma sala de observações monitorando tudo pela tela do computador.

Antigamente era diferente. Os astrônomos ficavam olhando pelo telescópio e monitorando o aparelho para ele não sair da posição enquanto as placas fotográficas registravam a luz. Essas placas são parecidas com os negativos de filmes que utilizávamos nas câmeras fotográficas antes da era digital. Depois de capturar a imagem, o astrônomo levava a placa para o laboratório escuro e fazia a revelação. O astrônomo era um fotógrafo e tanto; já hoje ele se parece mais com um *nerd* na frente do computador.

➜ *Cúpula do telescópio.*

As janelas das cúpulas têm cortinas pretas para não produzir poluição luminosa e atrapalhar a observação. O único ruído é o da música alta que o pessoal curte durante o trabalho. Se encontrarmos algum astrônomo de lanterninha na mão a caminho do hotel, é sinal de que algo deu errado e que tiveram de fechar a cúpula. A causa pode ter sido um problema técnico com o telescópio ou o inimigo número 1 do astrônomo: nuvens! Se nublar, não tem jeito. Mas antes de dar a noite por encerrada é preciso ter certeza de que o céu não vai abrir novamente. Já pensou que perda de tempo? Afinal, para cada noite de observação o astrônomo teve que passar por uma longa etapa, e desperdiçar mesmo que algumas horas seria como jogar tempo fora. Geralmente espero até umas quatro horas da madrugada antes de perder as esperanças. Se às quatro da matina ainda estiver nublado, começo a me preparar para dormir mais cedo.

O Brasil tem observatórios?

Apesar de o Brasil não ter **sítios astronômicos** de alta qualidade, temos alguns observatórios que podem ser utilizados para pesquisas, mesmo que não haja condições naturais perfeitas. Por exemplo, a observação de estrelas e galáxias brilhantes pode ser feita em sítios como o do Laboratório Nacional de Astrofísica (LNA) do Pico dos Dias, próximo de Itajubá (MG).

O LNA pertence ao Ministério de Ciência e Tecnologia, e todo astrônomo brasileiro pode enviar projetos para observar com o telescópio de 1,6 metro de diâmetro ou com os dois menores, de 0,6 metro cada. Fiz a minha primeira observação profissional no telescópio de 1,6 metro quando estava fazendo doutorado na USP, 18 anos atrás! Mas ainda me lembro direitinho como foi gostoso e emocionante. Infelizmente tivemos apenas duas noites de céu aberto e nas outras três choveu.

Sítio astronômico é o local que reúne condições adequadas para observações astronômicas. Por exemplo: a montanha ideal para se construir um observatório precisa ser alta, para que as nuvens fiquem embaixo do pico, e seca, pois a umidade deixa a imagem fora de foco e com baixa qualidade. Infelizmente, o Brasil não tem montanhas altas e secas. Os melhores sítios astronômicos estão localizados no deserto dos Andes no Chile, no vulcão de Mauna Kea no Havaí, no deserto do Arizona nos Estados Unidos e no topo de vulcões das Ilhas Canárias.

➡ *Sítio astronômico nas Ilhas Canárias.*

Eu já havia feito observação anteriormente com um radiotelescópio brasileiro do Itapetinga, em Atibaia (SP). O radiotelescópio detecta sinais de rádio enviados pelos astros e se parece com uma antena parabólica de 13,7 metros de diâmetro. As ondas de rádio carregam informações importantes sobre os astros. Por exemplo, quando as estrelas nascem ou explodem, elas emitem ondas de rádio. Utilizei o radiotelescópio do Itapetinga quando fiz mestrado no Instituto de Pesquisas Espaciais. Meu tema de tese foi detectar e interpretar os sinais de rádio emitidos pelas galáxias que estavam colidindo. Concluí que essas galáxias estavam formando muitas estrelas e por isso emitiam sinais de rádio.

➤ *Telescópio de 1,6 metro de diâmetro do LNA.*

O LNA também gerencia a participação brasileira em outros dois observatórios internacionais: o **Soar** (Southern Astrophysical Research Telescope) e o **Gemini**.

➤ *Redoma que cobre a antena de 13,7 metros do Rádio Observatório do Itapetinga.*

O Gemini é um consórcio de sete países que possui dois telescópios de 8 metros: um na montanha Cerro Pachon, no Chile, e outro no vulcão Mauna Kea, no Havaí. Os sete países são Estados Unidos, Reino Unido, Canadá, Chile, Austrália, Brasil e Argentina. O tempo de uso é partilhado entre os membros de acordo com o apoio financeiro provido por cada país. Assim, o Brasil tem direito a 2,31% do tempo de telescópio destinado a observações científicas. Eu já observei algumas vezes com o Gemini no tempo brasileiro e no tempo americano, mas nunca estive na montanha.

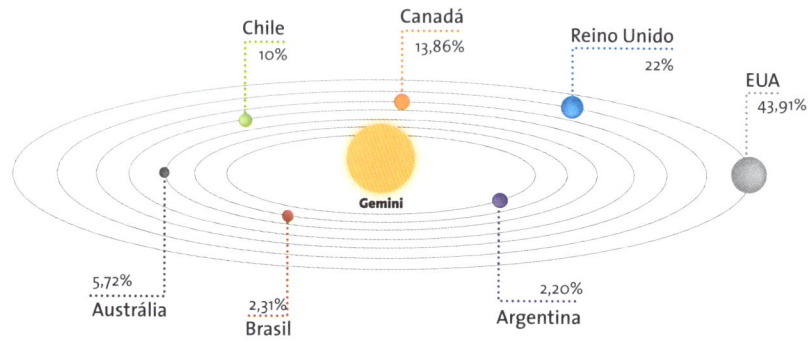

→ Parcela de tempo de cada um dos países do Gemini.

O Gemini oferece como opção para o astrônomo o que chamamos de operação em fila, ou seja, as observações são efetuadas pelos astrônomos do Gemini em noites com condições adequadas para o projeto

→ Telescópios Soar e Gemini, no Chile.

científico, e depois eles repassam os dados coletados para o solicitante. É meio sem graça porque acabamos não observando, mas é bem mais eficiente. Dizem que o futuro da astronomia é esse, mas eu espero que não seja porque acho superimportante para quem nunca observou experimentar a coleta dos próprios dados. Nada como participar do experimento para poder julgá-lo e avaliá-lo melhor.

Na mesma montanha chilena do Gemini fica outro telescópio excelente e que também tem um dedinho brasileiro, o Soar. Ele tem 4,2 metros de diâmetro e pertence às universidades americanas do estado de Michigan e da Carolina do Norte, ao Observatório Nacional Óptico de Astronomia (Noao) e ao Brasil. O Laboratório Nacional de Astrofísica faz a gerência do lado brasileiro e distribui os dois meses de observações do céu chileno entre os melhores projetos da comunidade brasileira.

Existem muitos outros observatórios menores espalhados pelo Brasil. Em geral, são de uso exclusivo dos astrônomos profissionais, mas alguns estão abertos para visitação pública durante o dia. É preciso confirmar antes de fazer a visita porque eles pedem que se marque hora ou têm restrições durante a semana. No site www.uranometrianova.pro.br você encontra o endereço de todos os observatórios e planetários do país.

Que dados são estes?

Quando o astrônomo observa um astro ele utiliza um telescópio e instrumentos que medem a intensidade e a cor da luz. Digamos, por exemplo, que eu esteja observando o planeta Júpiter e queira saber se a mancha vermelha do planeta continua na mesma posição.

Para saber a posição precisamos fazer uma imagem, o equivalente a uma fotografia. Basta apontar o telescópio com um detector parecido com uma câmera digital acoplado e fazer várias exposições em diferentes épocas do ano. Nesse caso, as fotografias são o que chamamos de dados, ou seja, informação vinda diretamente do astro. O astrônomo vai analisar esses dados e interpretá-los para responder se a mancha se moveu com o tempo.

➡ *Sala de coleta de dados.*

Agora digamos que eu gostaria de saber de que material é feito Júpiter. Para saber a composição química de um astro, é necessário decompor a luz em cores, ou seja, obter um espectro. Isso é parecido com o que acontece com a luz quando ela passa por um prisma, que forma um arco-íris. Mas os **espectrógrafos** são bem mais sofisticados do que os prismas e produzem dados muito mais complexos. O espectro é como se fosse uma impressão digital do astro. Os astrônomos analisam os espectros e identificam os elementos químicos presentes em Júpiter.

O espectrógrafo

O espectrógrafo é um equipamento presente em observatórios astronômicos, que divide a luz branca em cores para obter um espectro.

1 A luz que chega ao tubo do telescópio entra por uma fenda e passa por uma grade fina com funcionamento similar ao do prisma, que decompõe a luz em raios de várias cores.

2 A luz já dividida em cores é captada em um sensor de câmera digital (CCD).

3 Dependendo da composição do astro, a luz apresenta cores diferentes. Os astrônomos chamam o resultado de espectro do astro. É por meio do espectro de um astro que sabemos a sua composição química, ou seja, do que ele é feito.

Como se tornar um astrônomo

Para se tornar astrônomo é necessário prestar vestibular para astronomia ou física e, depois de formado (o curso dura de quatro a cinco anos), fazer dois cursos de pós-graduação: primeiro o mestrado, que dura de dois a três anos; e depois o doutorado, que leva de quatro a cinco anos.

Atualmente existem apenas dois cursos de astronomia no Brasil. Um é ministrado pela Universidade Federal do Rio de Janeiro (UFRJ), onde estudei. O outro acontece na Universidade de São Paulo (USP), que começou a ministrá-lo em 2009, no entanto oferece o curso de física com especialização em astronomia há muitos anos. Como nem todos podem ir para o Rio de Janeiro ou para São Paulo, recomendo aos jovens que façam vestibular para bacharelado em física na melhor universidade da região em que moram e depois façam prova de admissão para o mestrado e o doutorado das universidades e institutos que oferecem o curso de pós-graduação.

Muitos ficam na dúvida se devem fazer licenciatura ou bacharelado em física. Aqui vai a resposta: o licenciado em física aprende a dar aulas de física, e não a fazer pesquisas. Como o astrônomo é um pesquisador, não tem outra escolha, tem que fazer bacharelado.

→ Duília (à direita) com as astrônomas brasileiras Rita Johnson e Gladys Vieira Kober, que também trabalham na Nasa.

E lembre-se de que só depois de uns dez anos de estudo é que o astrônomo está pronto para entrar no mercado de trabalho!

Preciso gostar de matemática?

Se você não gosta de matemática, mas gostaria de ser astrônomo, não se decepcione, tem jeito! Você pode ser um grande conhecedor da astronomia sem precisar se dedicar a ela profissionalmente. Basta se equipar ou simplesmente ler sobre astronomia. Os astrônomos amadores geralmente possuem telescópios, binóculos, câmeras fotográficas e se divertem aprendendo sobre a beleza do Universo. Os amadores têm um papel superimportante na comunidade astronômica mundial ao fazer trabalhos de monitoramento de **supernovas** e asteroides, e ao colaborar com os profissionais.

A **supernova** ocorre quando uma estrela explode. Os restos de uma supernova podem se tornar uma estrela de nêutrons (de alta rotação e que pulsa com grande energia) ou, no caso de estrelas com muita massa, um buraco negro, ou seja, uma região do espaço cuja densidade é tão grande que nem mesmo a luz consegue escapar dele.

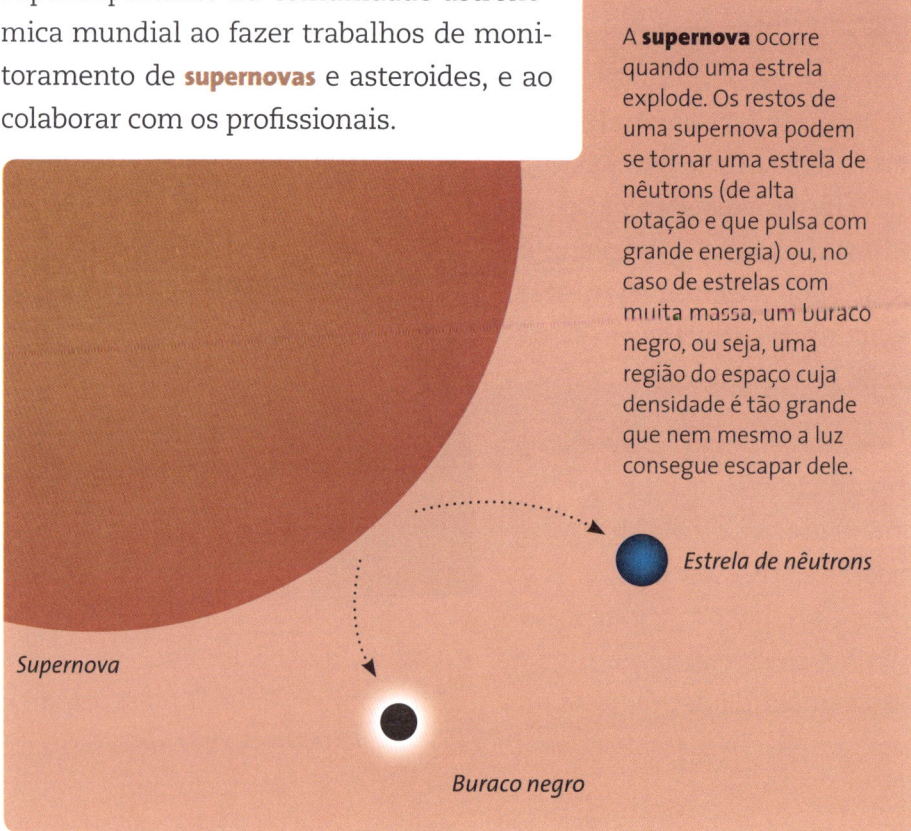

Supernova

Estrela de nêutrons

Buraco negro

Os **amadores** precisam apenas de equipamentos modestos e noites escuras fora da poluição luminosa das cidades grandes. Se você ficar em dúvida na hora de comprar o primeiro telescópio, recomendo dar uma olhadinha nas comunidades de astronomia do Orkut, em que muitos amadores e profissionais dão sugestões. Eu mesma apareço por lá e sempre dou indicações.

O público em geral e os amadores devem também visitar planetários, que, além das apresentações que mostram o céu, oferecem cursos de astronomia básica. A matemática necessária será mínima, nada que uma boa calculadora não resolva. Infelizmente, a literatura em português é um pouco limitada, mas, se você souber inglês, está feito! Hoje quase tudo que você precisa saber está na internet e é de graça. Basta saber pesquisar.

Os **amadores** estão cada vez mais ligados às atividades dos astrônomos profissionais. O site GalaxyZoo (www.galaxyzoo.org), por exemplo, convida todos a classificar milhões de galáxias. Pode ser amador, profissional ou até quem nunca viu uma galáxia antes. Basta entrar no site e aprender a classificá-las. O projeto é parte do levantamento digital Sloan, que contém 250 mil galáxias.

Porém, se o seu problema não for matemática, mas a dedicação aos estudos... Bem, neste caso sugiro que você assista a vários filmes de ficção científica e fique imaginando como seria bom ser um daqueles cientistas e saber tudinho. Quem sabe assim você não perde a preguiça de estudar? Nunca é tarde para mudar e mergulhar no mundo dos livros e da sabedoria.

O meu filme favorito: *Contato*

Quem nunca assistiu ao filme *Contato*, baseado no livro do astrônomo Carl Sagan, está perdendo um grande clássico. Sempre gostei de ficção científica, era vidrada em *Jornada nas estrelas* e *Perdidos no espaço*, além de ter assistido a todos os filmes de *Guerra nas estrelas*.

Mas *Contato* é diferente, é melhor. É um filme que nos faz refletir sobre se realmente estamos sozinhos no Universo. A personagem de Jodie Foster é inspirada em uma astrônoma, a dra. Jill Tarter, especialista em busca de vida extraterrestre e uma das astrônomas do projeto Seti (Search for Extra Terrestrial Intelligence). O Seti atualmente é levado a sério, e acredito que isso se deve ao filme. Pouco se falou quando cortaram os fundos do projeto e ele quase foi parar na gaveta; mas depois do filme, o Seti deslanchou.

Hoje o Seti está ativo e continua mandando (e recebendo) sinais para o espaço em busca de contato com outras civilizações. Minha opinião pessoal é positiva. Acredito que não existam provas de que haja vida extraterrestre, mas o contrário também não. Então, como boa cientista, sou a favor do estudo até que se encontrem evidências fortes o suficiente para garantir ou não a possibilidade de vida inteligente fora da Terra. Confesso que sou um pouco pessimista devido à imensidão do Universo e à nossa tecnologia limitada. Seria como procurar agulha em palheiro. No entanto, isso não é argumento para não se tentar. Existe sempre a possibilidade de sermos encontrados.

O Seti tem algumas prioridades, como a busca por vida em planetas ao redor de estrelas próximas e de estrelas semelhantes ao Sol. Hoje sabemos que existem muitos planetas ao redor das estrelas, fato que só foi confirmado nos últimos vinte anos! Veja bem: em 1985, quando o livro em que o filme *Contato* baseou-se foi lançado, ainda não se sabia da presença de nenhum outro planeta fora do Sistema Solar. Hoje são mais de trezentos planetas extrassolares. Sabemos também que esses planetas não são do tipo terrestre, porém gigantes como Júpiter e Saturno, onde não há vida. Mas já se trata de uma indicação de que planetas como o nosso podem fazer parte do sistema planetário deles.

Mercado de trabalho

A maioria dos astrônomos é professor universitário e, em geral, faz suas pesquisas na própria universidade em que leciona. Outros trabalham em institutos científicos, planetários ou observatórios. Mas, independentemente do local de trabalho, o dia típico de um astrônomo inclui muitas horas em frente ao computador analisando dados e lendo ou escrevendo artigos sobre o assunto em que trabalha.

Dizem que o mercado de trabalho para astrônomos no Brasil está crescendo e que existem boas opções para o futuro. Sempre acreditei que o bom profissional consegue entrar em qualquer mercado de trabalho, mas precisa ter um pouco de paciência e persistência.

O astrônomo brasileiro também pode buscar trabalho no exterior, pois o mercado é maior. Existem atualmente por volta de quinhentos astrônomos brasileiros espalhados pelas universidades e centros de pesquisas do país e do mundo. Daí você me pergunta: e onde eu procuro emprego? No Brasil ficamos sabendo se abriram novos concursos por meio da Sociedade Astronômica Brasileira (www.sab-astro.org.br), que manda e-mails regularmente para todos os astrônomos. Nos Estados Unidos, quem informa é a Sociedade Astronômica Americana – AAS (www.aas.org). Os observatórios, centros de pesquisas, planetários e universidades mundiais também anunciam os concursos na internet.

Como é o trabalho de um astrônomo?

As pessoas pensam que o astrônomo passa muitas noites acordado olhando para o céu e que sabe os nomes de todas as estrelas. Não é bem assim. O astrônomo não precisa saber identificar as estrelas e só fica acordado olhando para o céu quando vai até as montanhas observar.

Eles usam as coordenadas dos astros para centrar o telescópio no alvo, e, graças à tecnologia, hoje isso é feito automaticamente pelo computador. Basta entrar com os números, apertar as teclas e pronto: o telescópio vai até a direção do astro a ser observado.

Os astrônomos utilizam técnicas e equipamentos de última geração, e muitas vezes até criam **equipamentos** especialmente para resolver certas questões científicas. Fazem também os programas computacionais para analisar os dados obtidos com esses instrumentos e passam meses e até anos analisando-os detalhadamente. Depois de concluída a análise, o astrônomo escreve artigos revelando os resultados para os astrônomos de todo o mundo.

> Os astrônomos podem se especializar em instrumentação e informática, e construir os próprios **equipamentos**. Quem não fizer astronomia e optar pela engenharia ou informática pode ainda trabalhar diretamente com os astrônomos. A área de instrumentação está crescendo muito no Brasil.

Outro dia recebi um e-mail de um estudante me perguntando se os astrônomos passam o dia inteiro fazendo cálculos. Tem época que sim, mas a maior parte do tempo é dedicada à interpretação dos cálculos e à comparação com os resultados obtidos por outros cientistas.

Minha mãe, por exemplo, acha que ainda sou estudante, mas já sou doutora em astrofísica há mais de dez anos! O que ela chama de estudo, nós chamamos de pesquisa. Os cientistas são pesquisadores que devotam boa parte do tempo aos estudos profundos dos temas que estão investigando. No meu caso, como sou especialista em evolução de galáxias, passo o tempo todo tentando entender como as ga-

➤ *Yedda, mãe de Duília.*

láxias se formam e se transformam durante os mais de dez bilhões de anos de vida que elas têm em média. Para isso, escrevo projetos propondo responder a questões ainda sem solução. Esses projetos são executados em cinco etapas:

1. Seleção dos objetos a serem observados.

2. Obtenção dos dados, que pode ser feita por meio de observações ou pesquisas em arquivos de dados.

3. Redução de dados, ou seja, transformação dos dados em unidades astronômicas como fluxo, energia, densidade. São muitas horas/dias/meses de computação até conseguirmos produzir boas imagens.

4. Análise dos dados encontrados.

5. Apresentação dos resultados em conferências e a publicação de artigos que descrevem o projeto em revistas especializadas.

Um projeto demora em média de dois a três anos para ser executado por completo. Geralmente trabalho com quatro ou cinco projetos ao mesmo tempo, em colaboração com outros astrônomos e estudantes.

Talento necessário: criatividade

Além de gostar do assunto, o astrônomo precisa ser bastante criativo para fazer sucesso. Ele tem que ser curioso e, ao mesmo tempo, um pouco especulador.

Quando eu era criança vivia perguntando o porquê das coisas e tentando entender como tudo funcionava. Como astrônoma, transformo a minha curiosidade em projetos, que envio aos diversos observatórios do mundo para conseguir vaga em um telescópio e responder às perguntas que tenho em mente. Mas, antes de escrever o projeto, primeiro preciso decidir quais instrumentos serão adequados a tal pesquisa.

Por exemplo, digamos que eu esteja interessada em saber por que as estrelas possuem cores distintas, e se essas cores estão relacionadas com as outras propriedades das estrelas, como idade, massa, temperatura, tamanho etc. Nesse caso eu teria que observar estrelas de diversas cores com um instrumento que possa medir a intensidade do brilho estelar utilizando vários filtros de cores. A isso se dá o nome de fotometria. Para começar o trabalho, eu precisaria:

➧ de uma câmera CCD (parecida com uma câmera digital acoplada ao telescópio) de boa qualidade e equipada com diversos filtros;

➧ de boas condições atmosféricas durante a observação, sem nuvens ou umidade;

➧ estimar quantas noites seriam necessárias para completar as observações;

➧ enviar o pedido para o observatório escolhido.

Depois de julgado por uma comissão de especialistas, o projeto poderia ser aprovado ou não. A competição geralmente é grande, e nem todo projeto é aceito. Caso fosse, bastaria comprar a passagem, fazer reserva em um hotel próximo ao observatório e seguir para algum observatório em alguma montanha do mundo.

A cor das estrelas

Se você nunca notou que as estrelas têm cores diferentes, vá lá fora correndo e olhe para o céu. Calma, calma, só dá mesmo para notar as cores das estrelas em noites bem escuras, fora da poluição luminosa das cidades grandes. Então, da próxima vez em que você estiver no escuro, e o céu não estiver nublado, tente comparar a cor das estrelas. Você verá que algumas são mais avermelhadas e outras são bem azuis.

As cores estão relacionadas à evolução das estrelas. Durante o trajeto evolutivo elas nascem, vivem e morrem, aumentando e diminuindo de tamanho, esquentando e esfriando. As estrelas azuis são mais jovens e mais quentes do que as vermelhas. As amarelas, como o nosso Sol, são de meia-idade e têm por volta de quatro a cinco bilhões de anos. É por meio das cores que podemos investigar as propriedades físicas dos objetos, como idade, massa, tamanho, densidade e pressão.

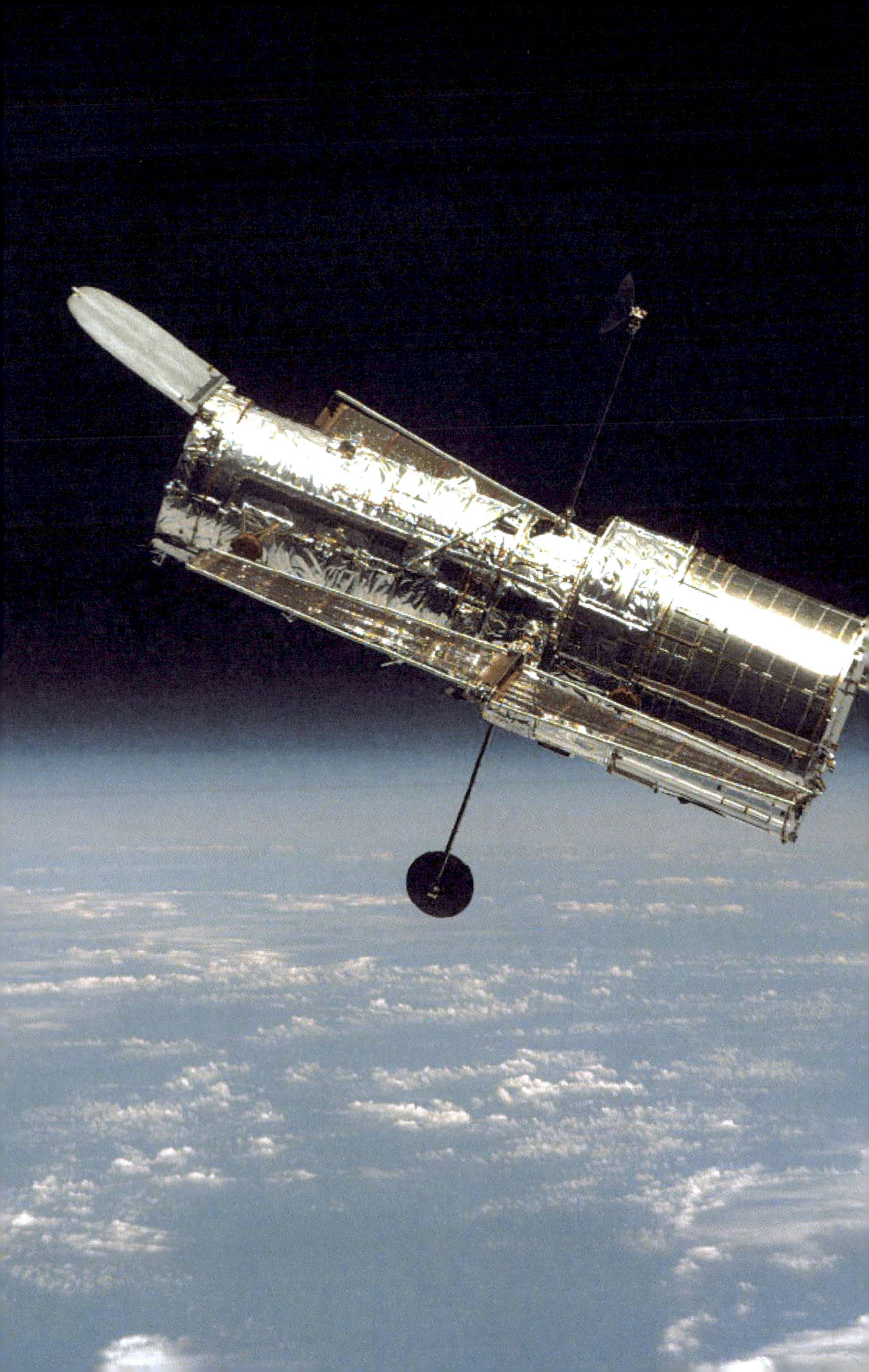

Exploração espacial

Sempre fui fascinada pelos planetas, apesar de nunca ter dedicado muito tempo da minha carreira a estudá-los. Mas foram as imagens tiradas com as **sondas espaciais** Pioneer 10 e 11 em meados dos anos 1970 que me motivaram a estudar astronomia.

Eu era adolescente e tinha apenas três grandes paixões na vida: futebol, música e exploração espacial. Escrevia em todos os cadernos o nome do meu time, do meu cantor predileto e da minha sonda espacial favorita: Flamengo, Peter Frampton e Pioneer 11. Havia até me esquecido disso quando um amigo de infância, Márcio, me perguntou outro dia se eu ainda era fã da Pioneer. Já se passaram quase trinta anos e ele ainda se lembra?! Acho que é porque na época poucas meninas falavam sobre as últimas imagens da sonda espacial dentro do ônibus lotado do subúrbio carioca que eu dividia com Márcio e outros estudantes de cursinhos preparatórios.

Naquela época eram muito limitadas as informações que recebíamos sobre a exploração espacial. Não havia internet, e tudo o que sabíamos vinha de revistas, jornais e televisão; na escola também se falava pouco sobre o assunto. Lembro-me de uma edição da revista *Manchete* que trazia as últimas imagens das sondas. O que mais me chamava a atenção eram os detalhes das imagens e a tecnologia de transmissão delas; afinal, a sonda estava a uns 500 milhões de quilômetros de distância da Terra!

> As **sondas espaciais** Pioneer 10 e 11 foram lançadas pela Nasa em 2 de março de 1972 e 5 de abril de 1973, respectivamente, com a missão de explorar os planetas Júpiter e Saturno. Pioneer 10 enviou suas primeiras imagens de Júpiter em 3 de dezembro de 1973, e a Pioneer 11, em 2 de dezembro de 1974.

Ainda hoje, depois de tantos anos convivendo com a tecnologia de perto, continuo fascinada com a capacidade de criação do ser humano. Sempre que uma nave se aproxima de algum planeta, fico emocionada. Quando tive que optar pela área da astronomia à qual me dedicaria, decidi por estudar galáxias e objetos longínquos. Se tivesse que fazer essa escolha hoje, provavelmente optaria pela busca de outros sistemas planetários. Na época em que eu estudava, isso era inimaginável. Não tínhamos a precisão necessária para detectar planetas em outros sistemas estelares, uma vez que eles eram ofuscados pelo brilho das estrelas.

Hoje sabemos que existem planetas próximos de trezentas outras estrelas. E o avanço tecnológico é tanto, que é possível saber até o tamanho deles. Considero o maior feito dos últimos anos a primeira imagem tirada pelo telescópio espacial Hubble de um planeta ao redor da estrela Fomalhaut em 2008.

Esses planetas são bem maiores do que a Terra, como Júpiter e Saturno. E, se esses planetões estão lá, nada impede que haja outras "Terras" também. Teremos que esperar um pouco para detectá-las, pois as distâncias são enormes, mas quem sabe o próximo telescópio espacial, James Webb, que será lançado em 2013, não conseguirá identificá-las?

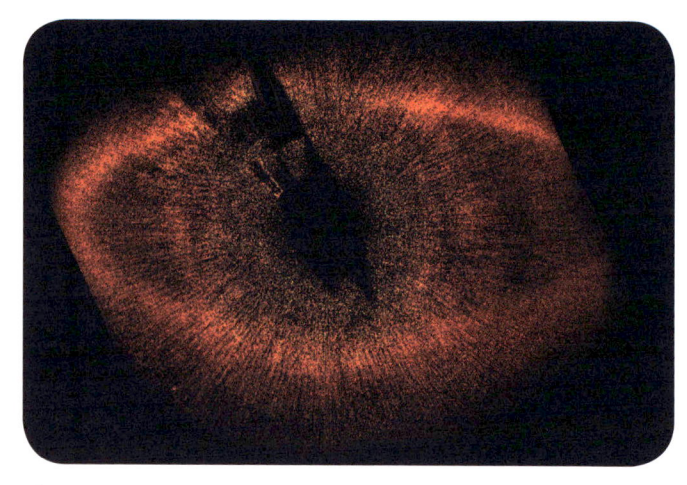

➤ *Imagem tirada pelo telescópio Hubble de um planeta ao redor da estrela Fomalhaut em 2008.*

Astrônomo não é astronauta, mas astronauta pode ser astrônomo

Os astronautas são super-heróis! Eles arriscam a própria vida para o avanço da humanidade. Sempre que me encontro com astronautas meus olhos brilham, e minha admiração é evidente. A dedicação deles é de tirar o chapéu. São anos e anos treinando para um dia entrar em um **foguete** ou **ônibus espacial** e passar dias desempenhando tarefas duríssimas. Além disso, a saída e a entrada na atmosfera terrestre são algo bem arriscado e nunca se sabe o que pode acontecer. Muitos astronautas sacrificaram suas vidas desde que começamos o programa espacial nos anos 1960. Desde então, já estivemos na Lua, andamos pelo espaço, lançamos muitos satélites e **sondas espaciais**, e ainda construímos laboratórios e **telescópios espaciais**.

As pessoas geralmente confundem a profissão de astrônomo com a de astronauta, então vou explicar a diferença. O astrônomo é um cientista. Ele vive se perguntando como o Universo funciona. Já o astronauta é aquele que vai ao espaço para realizar alguma tarefa relacionada a essas perguntas.

Foguete espacial: é utilizado apenas para lançar um objeto ao espaço fora da gravidade da Terra. Os foguetes não são tripuláveis, mas dentro deles pode haver uma nave que seja tripulável, como por exemplo a Apollo 11, que foi à Lua.

Ônibus espacial: é tripulável e sai da gravidade terrestre. Ele não pousa em outros astros, fica apenas orbitando a Terra. Para levantar voo o ônibus espacial usa dois foguetes. Esses foguetes não saem da gravidade, mas caem de volta nos oceanos. A Nasa depois recupera os foguetes e os usa para outros lançamentos.

Sonda espacial: é uma nave não tripulada e pode pousar ou não em outros astros. Ela é lançada por foguetes e o controle do voo é feito da Terra.

Telescópio espacial: é um satélite não tripulado que fica orbitando a Terra.

Para se tornar um astronauta é necessário fazer uma prova de aptidão e outra de resistência física. Alguns astronautas são astrônomos, físicos, biólogos, ou seja, cientistas. Mas a maioria dos astronautas escolheu primeiro a carreira de engenheiro e/ou de piloto da Força Aérea, para então decidir ser astronauta.

A Nasa é a agência que mais emprega astronautas, porém é necessário ser cidadão americano. A Agência Espacial Europeia (ESA) também emprega astronautas, mas apenas dos 18 países-membros (Alemanha, Áustria, Bélgica, Dinamarca, Espanha, Finlândia, França, Grécia, Holanda, Itália, Irlanda, Luxemburgo, Noruega, Portugal, Reino Unido, República Checa, Suécia, Suíça). O Canadá, a China, a Índia, o Japão e a Rússia também têm um programa espacial e astronautas em treinamento.

➔ *Treinamento de astronautas para uma missão do Hubble.*

O Brasil está começando a crescer nessa área. Você se lembra do sorriso do astronauta brasileiro **Marcos Pontes** na Estação Espacial Internacional em 2005? A Estação Espacial é um laboratório que ainda está em construção. É produto de uma cooperação internacional de vários bilhões de dólares. A principal missão da Estação é analisar a influência da ausência da gravidade em diversos experimentos. Por exemplo, o que acontece com o corpo humano quando fica exposto à falta de gravidade por muito tempo? Será que é possível cultivar produtos agrícolas como o feijão na ausência da gravidade? A resposta a essas perguntas é fundamental para o futuro das viagens espaciais e a exploração de Marte.

Outro dia, enquanto estava batendo papo com alguns astronautas, fiquei sabendo que, entre eles, a tarefa de maior desafio e mais desejada é a ida ao telescópio espacial Hubble. Não sei se posso confiar na informação, já que todos eles são astronautas do Hubble, mas imagino que essa missão esteja mesmo no topo da lista. Afinal, já imaginou um dia olhar para as fotos e poder dizer que graças às suas mãos, ou melhor, luvas, o Hubble voltou a funcionar e tirou aquelas imagens reveladoras?

→ *Duília com os astronautas do Hubble, Mike Good (esq.) e Andrew Feustel (dir.).*

Os astronautas do Hubble são treinados para consertar e trocar os instrumentos em uma missão que geralmente demora dez dias e que é cronometrada minuto a minuto. Desde que lançaram o Hubble, em 1990, os astronautas estiveram lá quatro vezes e em breve estarão de novo. Cada vez que o telescópio é recauchutado, ficamos ainda mais boquiabertos com suas imagens, e devemos tudo isso aos astronautas que arriscam as próprias vidas indo até lá.

Um dos meus astronautas favoritos é **John Grunsfeld**. Ele esteve no Hubble três vezes: 1999, 2002 e 2009. O dr. Grunsfeld é físico desde 1980, doutor em astrofísica desde 1988 e astronauta da Nasa desde 1992. Ele já completou 58 dias, 15 horas e 3 minutos no espaço.

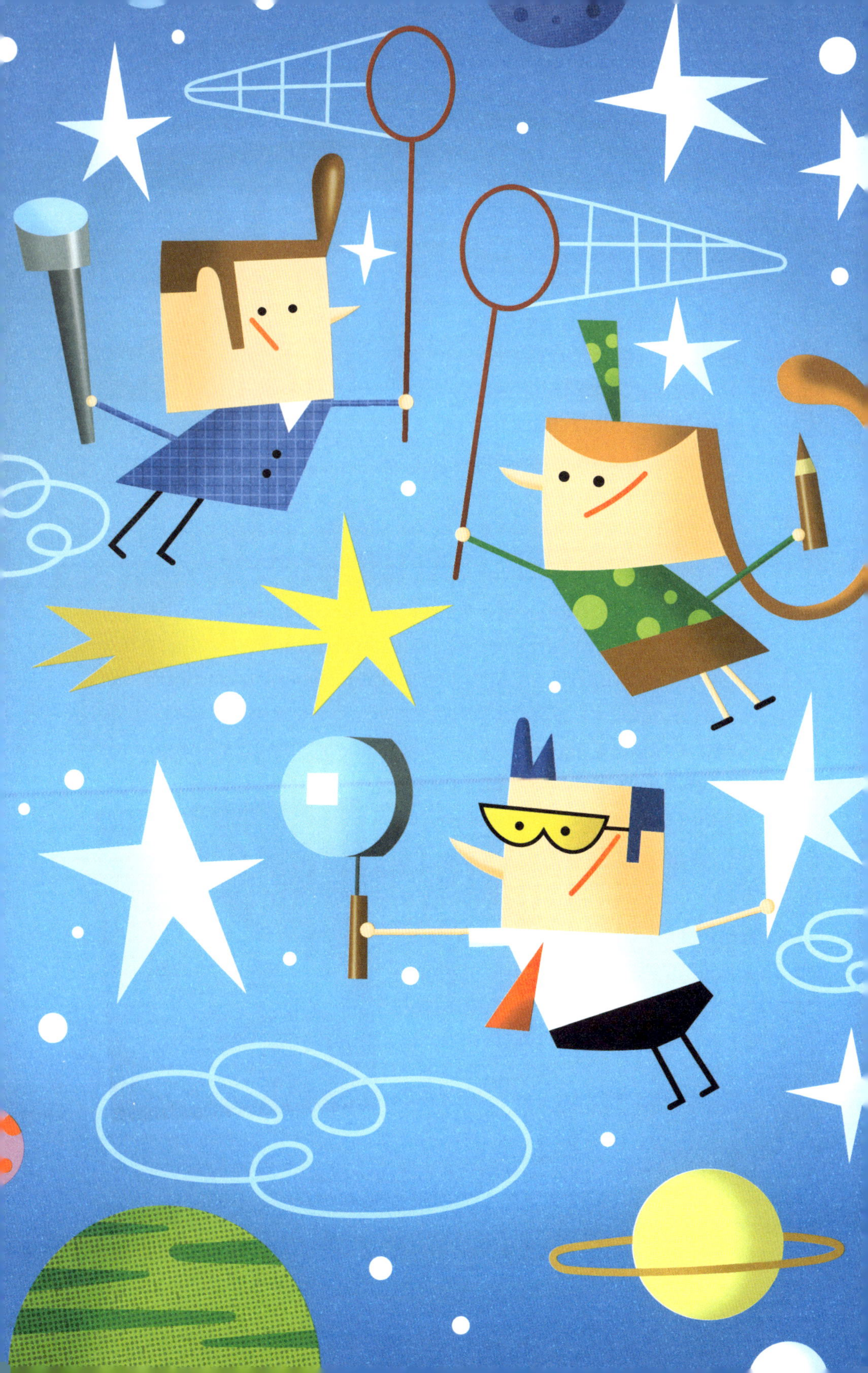

Descobrindo estrelas

Todas as vezes em que se descobre um astro novo como um cometa, um asteroide, um planeta, os astrônomos mandam um e-mail-telegrama para a União Astronômica Internacional (UAI) reportando a descoberta. É a UAI que vai decidir o nome pelo qual o objeto será conhecido.

Atualmente, os nomes são baseados na posição do astro e na época da descoberta, e parece mais um número telefônico do que um nome. A UAI evita dar nomes próprios ou dos descobridores aos astros, mas às vezes há alguns que pegam e não tem jeito. Daí a comunidade acaba adotando o nome popular mesmo. Como, por exemplo, a nebulosa "Olho do Gato", que é catalogada como NGC 6543 (NGC quer dizer New General Catalog – número geral de catálogo), ou a nebulosa da "Cabeça do Cavalo", que nos catálogos consta como NGC 2068. Mas toda regra tem exceção, e a UAI recomenda que os cometas, por exemplo, recebam o nome dos descobridores ou da equipe que fez a descoberta.

Os membros da UAI se reúnem a cada três anos para decidir se as regras utilizadas estão boas ou se necessitam de alguma revisão. Foi em uma dessas reuniões da UAI que Plutão deixou de ser classificado como planeta e virou planeta anão.

No dia 24 de agosto de 2006 Plutão deixou de ser planeta. Calma, calma, isso não quer dizer que ele tenha sido banido do Sistema Solar. Foi apenas uma revisão da classificação, e Plutão não passa mais nos três testes que a UAI faz para classificar planetas. Por exemplo: um planeta não pode ter nenhuma lua de tamanho semelhante ao seu, já Plutão tem uma lua chamada Caronte que é apenas metade de seu tamanho. Para você ter uma ideia, a nossa Lua é apenas um quarto do tamanho da Terra. Se Plutão ficasse no Sistema Solar, teríamos que dar *status* de planeta a vários outros anões, como Eris (2.397 km de diâmetro), que é maior do que Plutão (2.200 km), e Sedna (1.600 km de diâmetro), que é um pouco menor. Porém, com a nova classificação, Eris e Sedna também não passam no teste e são classificados como planetas anões.

Você já descobriu alguma estrela? SIM!

Antigamente, eu me incomodava quando alguém fazia a perguntinha clássica: "E aí, já descobriu alguma estrela?". Ficava chateada porque o astrônomo não está interessado em descobrir estrelas, mas em investigar o Universo, saber como os objetos celestes se formam e o ciclo evolutivo deles. Eu gastava tempo explicando que não era bem isso, que astrônomo não tinha que descobrir nada e que fazer pesquisa era assim e assado.

Porém, no dia 14 de janeiro de 1997, tive que mudar o discurso e começar a dizer que tinha, de fato, descoberto uma supernova, uma estrela que havia acabado de explodir. Mesmo após 12 anos, ainda conto como descobri a supernova com muito orgulho e me dá aquele friozinho no estômago quando vejo artigos científicos sobre a explosão estelar que eu fui a primeira a ver.

Sexta-feira, 17 de janeiro de 1997   CIÊNCIA E VIDA•31

Pesquisadora brasileira descobre uma supernova

Astrônoma presenciou fenômeno raro e importante para a compreensão da constituição do Universo

- Um dos momentos mais dramáticos do processo de vida e morte   Nacional Marcio Maia, do Departamento de Astronomia, o mesmo

Lembro-me que o *Jornal do Brasil*, do Rio de Janeiro, me ligou no Chile, onde eu havia feito a descoberta, para me entrevistar, e eu disse que a descoberta tinha sido por acaso. O jornalista gostou e publicou na primeira página do jornal. Meu pai ficou meio chateado porque usei a palavra "acaso"; afinal, ela desvalorizava a descoberta. Eu, pelo contrário, achava o máximo ter descoberto uma supernova sem estar procurando-a. Mas como se descobre algo sem estar procurando? Bem, precisa de um pouco de sorte, um pouco de intuição, um pouco de curiosidade e um pouco de ousadia. Deixe-me explicar como combinei tudo isso.

Alguns meses antes da descoberta, uma estudante de doutorado da Universidade de São Paulo me perguntou se eu saberia identificar uma supernova em outra galáxia que não fosse a nossa Via Láctea. Parei para pensar no assunto e me lembrei de algumas fotos que tinha visto. Disse a ela que uma supernova provavelmente apareceria como uma estrela brilhante por cima da imagem da galáxia. O fato de eu ter parado para pensar sobre isso me ajudou na descoberta da SN1997D e a tomar a decisão certa na hora certa.

Eu era astrônoma do Observatório Nacional do Rio de Janeiro e estava no observatório europeu ESO (European Southern Observatory) de La Silla, no Chile, observando galáxias com o telescópio de 1,52 metro. As galáxias, como a Via Láctea, contêm bilhões de estrelas, e o Universo contém bilhões de galáxias. O meu estudo tentava explicar a influência que as galáxias exercem nas suas companheiras; se, por exemplo, as galáxias em processo de colisão com outras galáxias estão mais propensas a formar mais estrelas.

Em colaboração com os astrônomos do Observatório Nacional havia selecionado várias galáxias e fui para o Chile observá-las. Eu era uma observadora experiente, já havia utilizado aquele telescópio em outras oportunidades e não necessitava de assistente noturno, pois dava conta do equipamento sozinha.

Comecei a observar assim que escureceu e segui a lista de prioridades feita para aquela noite. Cada vez que mudava de objeto, eu consultava o mapa da região. Lá pela 1 hora da madrugada, após apontar o telescópio para a posição de uma das galáxias, comecei a contar estrelas, identificando precisamente o que era o que no mapa do céu e no visor do instrumento.

> **Ano-luz** é a distância que a luz percorre em um ano. Como a velocidade da luz é de 300 mil quilômetros por segundo, e um ano tem 31.556.926 segundos, temos por ano aproximadamente 9,5 trilhões de quilômetros.

A galáxia em questão, que é conhecida nos catálogos como NGC 1536, praticamente não aparecia no visor, pois é um objeto muito distante – está a 53,8 milhões de **anos-luz** de distância. Mas, próximo ao centro, dava para ver uma estrela brilhante que não constava no meu mapa. A estrela estava praticamente superposta à borda da galáxia. Foi aí que decidi rodar o instrumento e centrá-lo exatamente sobre a posição do objeto estranho.

Eu poderia ter ignorado a estrelinha e observado apenas a galáxia, como havia planejado originalmente, mas curiosidade é um dos meus pontos fracos e não pude resistir. O meu namorado na ocasião, que hoje é meu marido, veio me visitar enquanto eu aguardava o resultado. Tommy trabalhava no mesmo observatório e já havia terminado o trabalho daquela noite quando veio me trazer um misto-quente. Ao dizer a ele o que eu estava fazendo e que achava ter descoberto um objeto não catalogado, ele pensou que eu estivesse brincando. Mas, assim que o resultado apareceu na tela, arregalamos os olhos! Decidi telefonar para o astrônomo-chefe do observatório para pedir sua opinião. Quando ele chegou, a mesa estava cheia de livros sobre o assunto e já sabíamos que se tratava de uma supernova. Ele sugeriu que eu conversasse com outro astrônomo, Stefano Benetti, para confirmar a descoberta e providenciar outras observações.

➤ Cúpula do telescópio de 1,52 metro do ESO.

Continuei a observar outras galáxias e lá pelas 6 horas da manhã fui dormir, mas às 11 horas já estava acordada e conversando com Stefano. Ele pediu para ver o mapa e a imagem obtida durante a noite. Imediatamente disse que eu havia descoberto uma supernova nunca observada antes. Achei suspeito ele dizer isso apenas olhando para o que tínhamos na nossa frente e perguntei se ele não tinha um catálogo de supernovas. O italiano, meio surpreso com a minha pergunta, respondeu secamente: "Eu sou o catálogo!". Fiquei sabendo mais tarde que Stefano era o astrônomo responsável pela atualização do catálogo de supernovas na Europa.

➤ Telescópio de 1,52 metro do ESO, em La Silla.

Bem, combinei que observaria novamente enquanto ele tentaria ver com um outro telescópio e fazer uma imagem da galáxia com a supernova. Fui correndo para a sala do computador para achar algum catálogo de supernovas, pois não estava muito convencida de ter sido a primeira a ver aquela explosão. Não encontrei nenhuma informação e comecei a admitir que talvez a tivesse mesmo descoberto. A essa altura mandei e-mails para o Brasil contando a novidade. Depois de tanta euforia, à noite fui trabalhar e comecei a preparar o telescópio. Quando estava observando, Stefano chegou com uma imagem recém-tirada no telescópio de 0,9 metro. Acho que foi uma das maiores emoções da minha vida – eu tinha realmente descoberto uma estrela!

Agora faltava contar para o mundo que havia mais uma supernova no céu. Escrevemos um e-mail-telegrama para a UAI reportando a descoberta e esperamos pela resposta no dia seguinte para saber qual seria o "nome" da dita cuja. Hoje em dia, as supernovas não recebem nomes dos descobridores, mas números que correspondem ao ano da descoberta e letras conforme a ordem alfabética.

No meu caso, descobri a quarta supernova do ano de 1997, daí 1997D. Foi nesse momento que o Observatório Nacional resolveu divulgar para a imprensa e o *Jornal do Brasil* me encontrou no Chile. Tive que contar como descobri, mas foi um pouco difícil passar os detalhes para o jornalista, que insistia em dizer que o "D" era de Duília. No final acabou saindo no título do artigo "Astrônoma brasileira batiza supernova no Chile". Outros jornais e revistas também publicaram a matéria e comecei a receber e-mails do mundo todo me parabenizando. Amigos de quem eu já nem me lembrava e desconhecidos me escreviam dizendo estar orgulhosos com a minha descoberta.

➤ *Imagem da SN1997D tirada com o telescópio de 0,9 metro do ESO na noite posterior à descoberta.*

Hoje a supernova 1997D é assunto de quase cem artigos internacionais. Costumo dizer que sua descoberta renovou a minha paixão pela astronomia, que, de certa forma, virou rotina na minha vida.

Mas as minhas descobertas não pararam com a SN1997D. Em 2008 fiz uma outra descoberta que chamei de bolhas azuis e que virou manchete de jornal. Batizei estas estrelas de bolhas azuis porque, quando as vi, estava utilizando um satélite da Nasa chamado Galex que só mede a luz ultravioleta. Como é um satélite muito pequeno, não consegui decifrar exatamente o que eram aquelas oito bolhas azuis.

Sabia apenas que estavam em uma região praticamente vazia e que havia muito hidrogênio por ali, pois já tinha visto um mapa do gás naquela região. Sabia também que estavam próximas a três galáxias em colisão localizadas a cerca de 12 milhões de anos-luz de distância da Terra. Depois, verifiquei que uma câmera do telescópio espacial Hubble havia observado a mesma região do espaço em 2006. Foi aí que descobri que as oito bolhas eram compostas de mais de duas mil estrelas.

O interessante desta descoberta é que essas estrelas estão no espaço entre as galáxias, e não dentro delas como normalmente acontece. Eu e meus colaboradores interpretamos que a maior parte das estrelas se formou ali mesmo no espaço utilizando o gás que sobrou da colisão entre as galáxias. Algumas estrelas foram ejetadas das galáxias durante a colisão, que aconteceu há 200 milhões de anos.

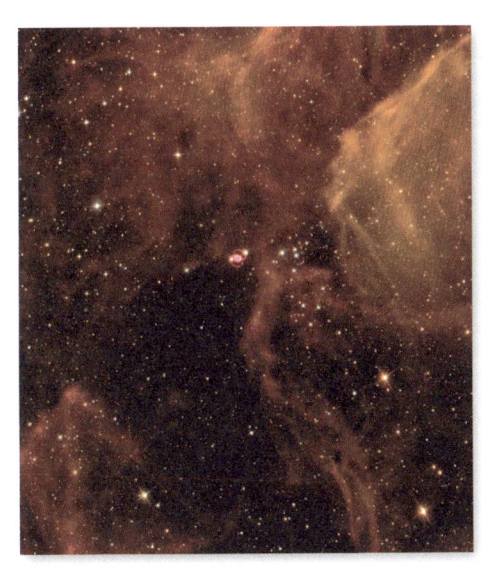

➜ *Foto da supernova SN1987A, descoberta dez anos antes da SN1997D.*

Mas e daqui para a frente?

O trabalho das bolhas azuis está bem cotado e acabo de ganhar financiamento da Nasa para procurar por mais bolhas em outras galáxias em colisão. Para embarcar nessa empreitada, formei um time de colaboradores de vários institutos e estudantes da Universidade Católica de Washington e da Universidade de São Paulo. Espero conseguir revelar como essas bolhas cheias de estrelas azuis nascem no vazio com apenas um pouco de gás.

Serão vários anos de pesquisa, muitas observações, viagens, dramas e interpretações. No meio do caminho encontraremos obstáculos inesperados e surpresas reveladoras. Passaremos noites acordados, dias maldormidos, meses e meses de trabalho intenso... Mas no final, quando teses forem concluídas e artigos publicados, olharemos para trás e veremos a beleza e a importância das nossas descobertas. Sentiremos orgulho quando outros astrônomos citarem nosso trabalho e ficaremos contentes em contribuir um pouquinho para o avanço do conhecimento humano sobre o Universo. E quando estiver virando a página do projeto das bolhas azuis, outros enigmas já terão aparecido, outros instrumentos já terão sido construídos e uma nova tecnologia já terá sido inventada para ajudar nesta jornada chamada ciência da qual faço parte.

▶ *Duília junto à maquete do próximo telescópio espacial, James Webb Space Telescope, que será lançado em 2013. Ao fundo, colorida, a nebulosa Carina vista com o Hubble.*

Viagem ao Universo

Galáxias

Galáxias são corpos celestes que contêm estrelas, planetas, poeira e gás. O Universo possui bilhões de galáxias de diversas formas, tamanhos e idades.

Tridente de Hubble

A classificação proposta por **Edwin Hubble**, em 1936, vigora ainda hoje com pequenas adições. No chamado "tridente de Hubble", as galáxias são divididas em elípticas (E0-7), espirais (barradas: SBa-d e não barradas: Sa-d) e lenticulares (S0).

Galáxias elípticas não possuem disco e podem ser bem redondas como uma bola de futebol (E0) ou bem achatadas como um charuto (E7).

Galáxias espirais possuem um disco com braços e a região central é chamada bojo; a área que engolfa toda a galáxia é chamada halo. Elas são separadas em duas classes: barradas e não barradas.

Galáxias lenticulares (S0) possuem disco, mas não têm a estrutura espiralada em forma de braços.

A colisão entre as galáxias deixa marcas que duram milhares de anos. Algumas colisões são tão catastróficas que as galáxias se fundem em uma só. Nesta imagem da **Antena**, duas galáxias parecidas com a Via Láctea estão em processo de fusão. A Antena fica a 62 milhões de anos-luz de distância da Terra.

A **Via Láctea** é uma galáxia espiral barrada, mas segundo o astrônomo francês Gerard de Vaucouleurs, um dos maiores morfologistas de todos os tempos, a classificação mais correta é SAB(rs)bc. S do inglês "spiral", AB porque a barra não é bem definida, (rs) porque existe um fraco anel central de estrelas e gás ao redor do núcleo, e bc porque os braços não são tão abertos quanto nas Sc e nem tão fechados quanto nas Sb. O diâmetro da Via Láctea é aproximadamente igual a cem mil anos-luz.

Sistema Solar

Mercúrio O menor planeta do Sistema Solar, tem 4.879 km de diâmetro. A duração do dia em Mercúrio é de 1.408 horas, equivalente a 59 dias terrestres. Já o ano tem 88 dias terrestres.

Terra Com 12.742 km de diâmetro, é o maior planeta com superfície rochosa. Setenta por cento de sua superfície terrestre é coberta por oceanos, sendo o único planeta que possui água em estado líquido.

Vênus Sua rotação é tão lenta que o dia é mais longo que o ano. Um dia corresponde a 244 dias terrestres, e um ano a 225. Tem 12.104 km de diâmetro e sua atmosfera é carregada de nuvens.

Marte Tem 6.779 km de diâmetro e sua superfície é coberta por uma poeira semelhante à ferrugem, o que lhe dá o aspecto avermelhado. Um dia dura 24,6 horas, porém o ano equivale a 687 dias terrestres.

Sol Tem uns 4,5 bilhões de anos e 695 mil km de diâmetro. O Sol produz energia por meio de fusão nuclear, ou seja, convertendo 700 milhões de toneladas de hidrogênio em hélio por segundo e liberando 5 milhões de toneladas de energia por segundo.

Júpiter É o maior planeta do Sistema Solar, com 139.822 km de diâmetro. Um dia em Júpiter dura 10 horas terrestres, e o ano, 12 anos terrestres. É um planeta gasoso, com um núcleo rochoso minúsculo.

Urano Com diâmetro de 50.724 km, apresenta uma característica incomum: faz o movimento de rotação de lado. Um dia tem duração de 17 horas terrestres e o ano, 84 anos terrestres. Urano é quase que totalmente feito de gás.

Saturno Com diâmetro de 116.464 km, um dia equivale a 11 horas terrestres e o ano, a 29 anos terrestres. A densidade do planeta é tão baixa que, se fosse possível colocá-lo numa bacia com água, ele flutuaria. Seus anéis são compostos de pedras, poeira e gelo.

Netuno O mais distante dos planetas possui 49.244 km de diâmetro. Seu dia dura

Ciclo de vida das estrelas

O ciclo de vida estelar depende da massa da estrela. Estrelas de grande massa vivem pouco, apenas uns cinco milhões de anos. Já as de pouca massa, como o Sol, vivem mais de dez bilhões de anos.

O **Sol** tem hoje 4,5 bilhões de anos e produz energia por meio da fusão nuclear, que transforma hidrogênio em hélio.

Daqui a uns cinco bilhões de anos, quando terminar o hidrogênio nuclear, o Sol se tornará uma **gigante vermelha**. Seu tamanho será igual ao da órbita da Terra. Depois disso, ele voltará ao tamanho normal e começará a fusão do hélio em carbono.

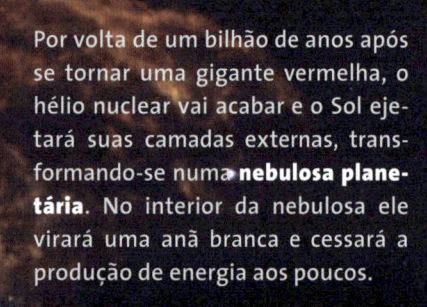

Por volta de um bilhão de anos após se tornar uma gigante vermelha, o hélio nuclear vai acabar e o Sol ejetará suas camadas externas, transformando-se numa **nebulosa planetária**. No interior da nebulosa ele virará uma anã branca e cessará a produção de energia aos poucos.

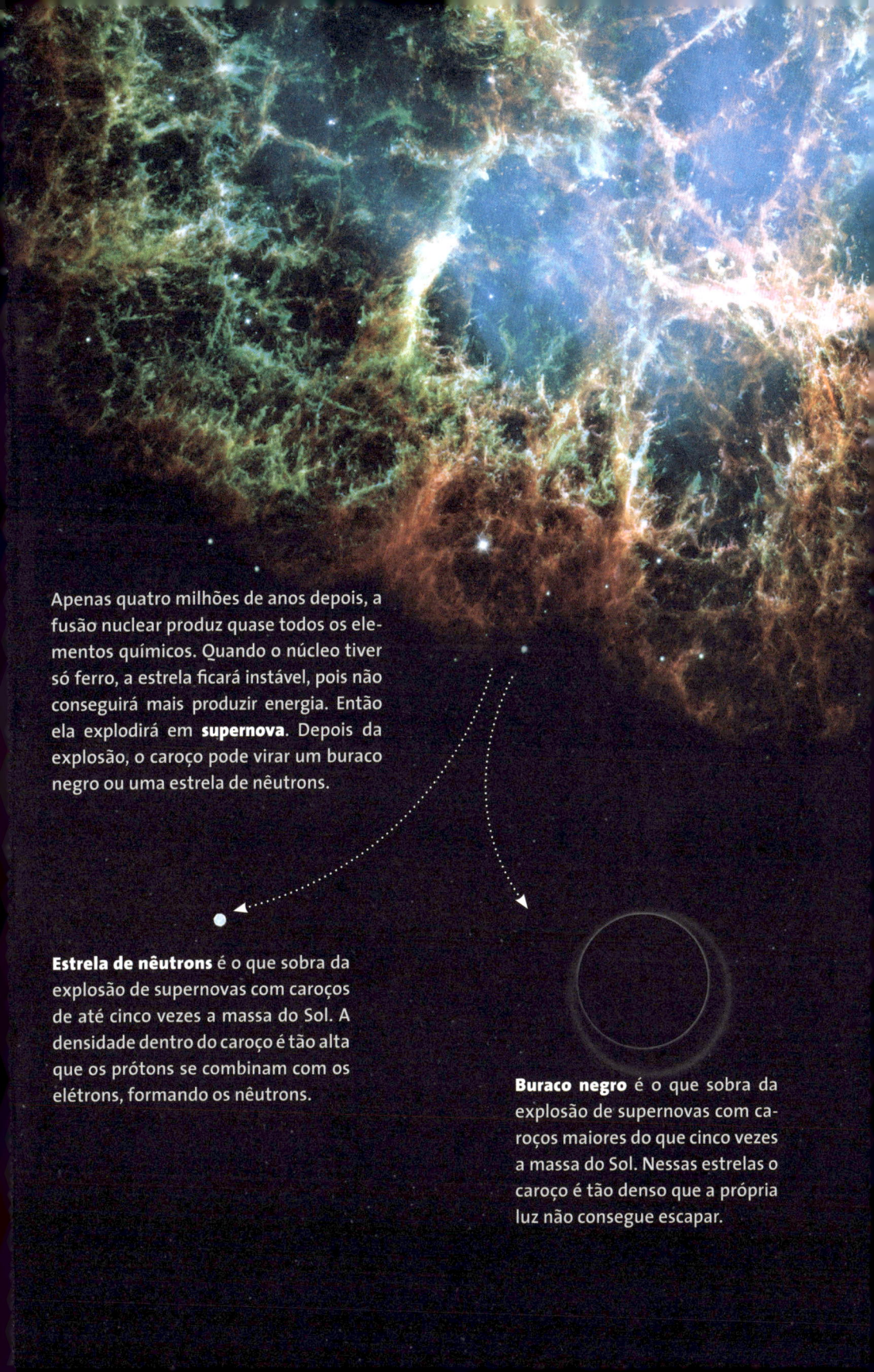

Apenas quatro milhões de anos depois, a fusão nuclear produz quase todos os elementos químicos. Quando o núcleo tiver só ferro, a estrela ficará instável, pois não conseguirá mais produzir energia. Então ela explodirá em **supernova**. Depois da explosão, o caroço pode virar um buraco negro ou uma estrela de nêutrons.

Estrela de nêutrons é o que sobra da explosão de supernovas com caroços de até cinco vezes a massa do Sol. A densidade dentro do caroço é tão alta que os prótons se combinam com os elétrons, formando os nêutrons.

Buraco negro é o que sobra da explosão de supernovas com caroços maiores do que cinco vezes a massa do Sol. Nessas estrelas o caroço é tão denso que a própria luz não consegue escapar.